WORD SEARCH

A F L Y D N I W S B B R W Q M
R X S F C O V O L U L J W U S
E T I K D J S U O T N O K F E
Q N E D R A G K B T E X O I E
I P F N H P S L V E X E Z M D
D C C U I H M Q O R J P U F S
Y E U X K H T P S F E S L L X
E J S U G U S P V L O O M A V
B R E V C L N N S T Y C H I W
O A W Y A M P J U E T P T E Y
G I T L I R P A R S Z Y P E N
G N I R P S M S E E T R K R N
E C Z M R A W N E B E F A X U
V T T P N O B X H J H G U M B

APRIL
BLOOM
BUNNY
BUTTERFLY
FLOWERS

GARDEN
KITE
MAY
NEST
RAIN

SEEDS
SPRING
SUNSHINE
WARM
WINDY

SPRING
WORD SEARCH

F	A	I	G	H	F	U	L	N	S	M
W	B	I	R	T	H	I	L	O	P	D
I	L	E	E	F	L	O	W	E	R	S
N	O	E	E	C	H	E	S	E	I	E
F	O	T	N	E	R	H	U	C	N	V
O	M	R	U	O	K	V	N	O	G	A
W	A	R	M	C	B	R	S	L	G	E
N	E	L	I	L	U	G	H	O	I	L
I	L	H	T	S	D	I	I	U	M	W
A	C	E	E	R	S	V	N	R	L	E
H	S	E	A	S	O	N	E	J	A	N

SPRING	SEASON	WARM	BLOOM
FLOWER	BIRTH	NEW LEAVES	BUDS
CHICK	GREEN	SUNSHINE	COLOUR

SPRING COUNT

Instructions: Count each item, then tally them into the boxes below:

SPRING MAZE

Help the bee find the flower:

Easter Word Search

S	E	A	S	T	E	R	R	C	H	I	C
C	E	E	E	A	G	O	A	A	N	T	A
S	H	H	C	M	G	A	A	R	C	R	G
F	P	O	C	O	S	O	C	R	L	A	R
B	T	P	C	F	I	R	T	O	E	B	A
U	H	S	H	O	I	S	T	T	R	B	N
N	E	E	E	E	L	V	A	P	R	I	L
N	R	N	T	V	N	A	X	N	T	T	M
Y	V	B	A	S	K	E	T	C	H	R	A
P	P	I	E	O	S	N	S	E	E	R	H
A	H	O	L	I	D	A	Y	G	R	R	E
S	H	U	S	T	H	T	E	H	U	N	T

HOP	CHIC	EASTER	CHOCOLATE
HUNT	RABBIT	BASKET	HOLIDAY
EGGS	APRIL	BUNNY	CARROT

EASTER

Word Search Puzzle

B	A	S	K	E	T	D	A	S	F	C
U	Z	I	Y	V	X	S	J	D	C	H
N	P	D	B	N	H	U	N	T	A	O
N	C	A	N	D	Y	N	J	T	R	C
Y	Q	E	G	G	S	D	G	I	R	O
G	R	A	S	S	J	A	R	B	O	L
O	A	S	X	O	O	Y	E	B	T	A
M	B	T	C	H	I	C	K	A	Z	T
K	B	E	F	L	O	W	E	R	S	E
E	A	R	S	A	P	R	I	L	L	A

BASKET
BUNNY
EARS
EASTER
GRASS
CARROT
EGGS
APRIL
CHICK
HUNT
RABBIT
FLOWERS
CHOCOLATE
SUNDAY
CANDY

EASTER WORD SEARCH

Circle words in the puzzle below

B	U	N	N	Y	F	U	R	T
A	S	H	O	P	N	E	I	D
S	C	U	U	W	T	L	S	F
K	A	N	E	S	E	H	P	L
E	N	T	A	R	T	F	R	O
T	D	E	G	G	S	U	I	W
C	A	N	D	Y	A	N	N	E
K	U	T	U	L	I	P	G	R
C	H	O	C	O	L	A	T	E

basket	easter	hop	chocolate
candy	bunny	flower	tulip
eggs	spring	fun	hunt

Easter Maze

Help the Easter Bunny find his
way through the maze and to the missing Easter eggs.

EASTER
CONNECT THE DOTS

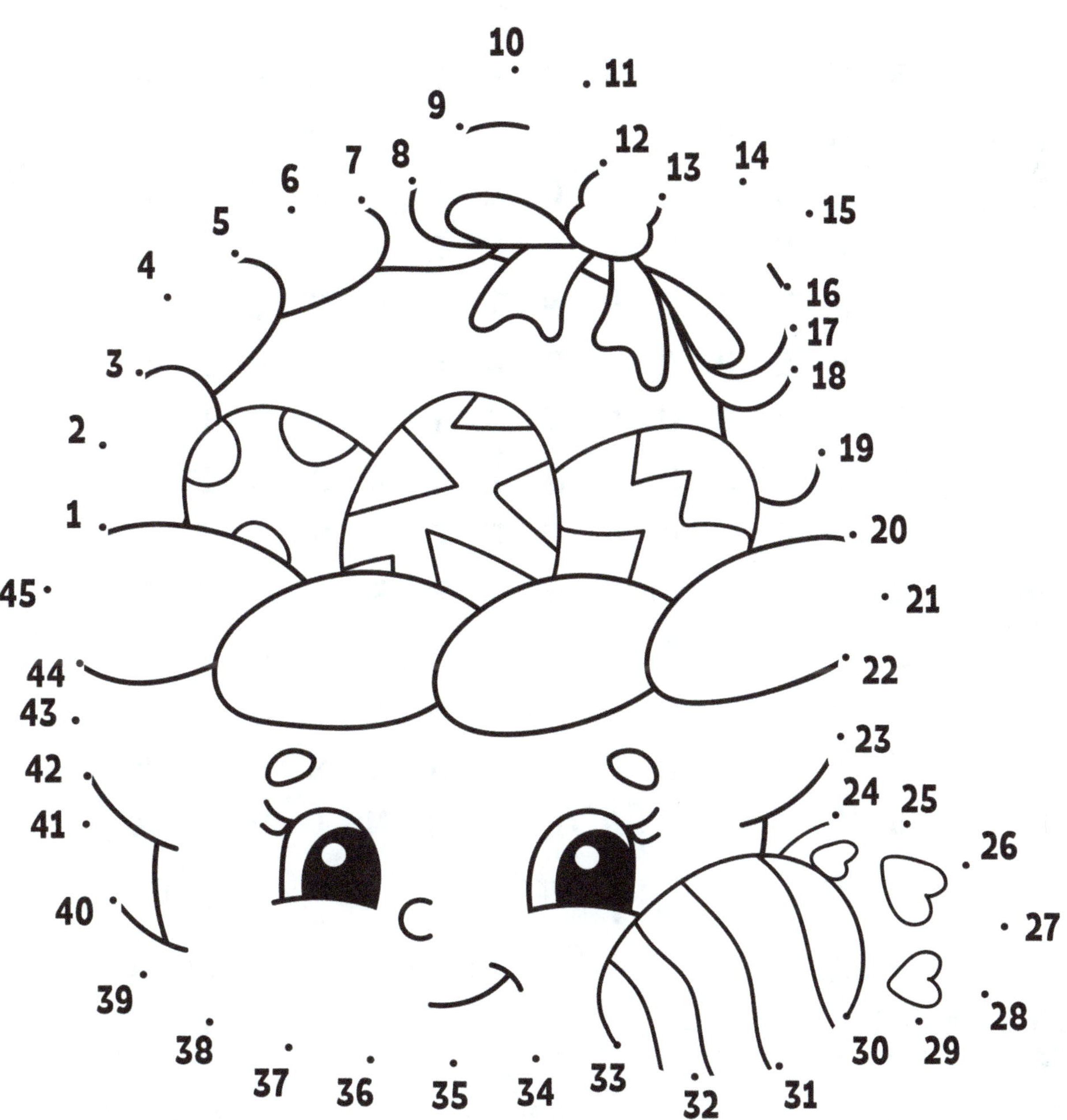

The picture is of a:

Name________________________

Earth Day

Word Search

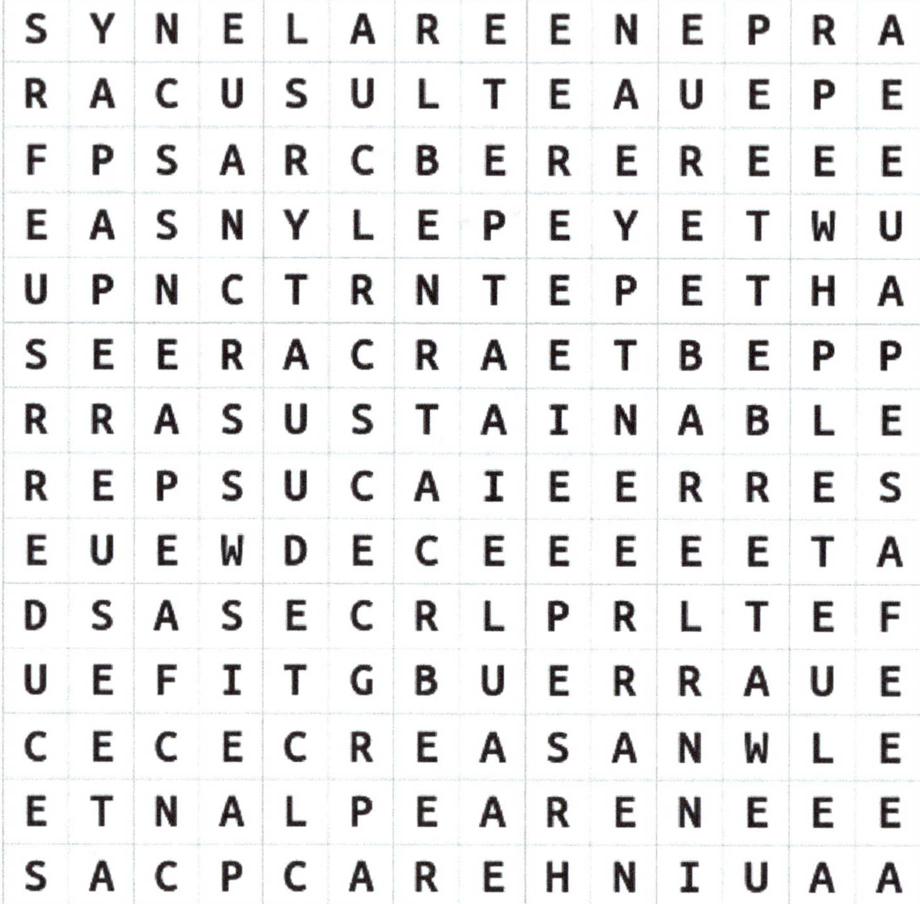

S	Y	N	E	L	A	R	E	E	N	E	P	R	A
R	A	C	U	S	U	L	T	E	A	U	E	P	E
F	P	S	A	R	C	B	E	R	E	R	E	E	E
E	A	S	N	Y	L	E	P	E	Y	E	T	W	U
U	P	N	C	T	R	N	T	E	P	E	T	H	A
S	E	E	R	A	C	R	A	E	T	B	E	P	P
R	R	A	S	U	S	T	A	I	N	A	B	L	E
R	E	P	S	U	C	A	I	E	E	R	R	E	S
E	U	E	W	D	E	C	E	E	E	E	E	T	A
D	S	A	S	E	C	R	L	P	R	L	T	E	F
U	E	F	I	T	G	B	U	E	R	R	A	U	E
C	E	C	E	C	R	E	A	S	A	N	W	L	E
E	T	N	A	L	P	E	A	R	E	N	E	E	E
S	A	C	P	C	A	R	E	H	N	I	U	A	A

Earth
Reduce
Sustainable
Plant
Water

Green
Recycle
Care
Reuse
Paper

Clean
Safe

MOTHER'S DAY
WORD SEARCH

P	A	R	E	N	T	H	V	A	L	I	Y
M	O	M	F	R	I	U	A	C	O	A	S
S	O	L	A	R	D	G	S	H	V	S	W
C	Q	M	M	O	I	S	K	I	I	N	E
A	S	O	I	G	L	E	F	L	N	E	E
R	O	C	L	I	I	D	N	D	G	T	K
I	C	S	Y	N	Y	V	B	D	I	B	I
N	C	T	E	N	D	N	I	I	S	O	N
G	E	J	N	O	S	G	L	N	O	A	D
H	E	L	P	F	U	L	L	G	G	F	F
Y	F	D	D	T	S	L	T	G	P	S	D
S	M	O	T	H	E	R	L	L	O	H	T

KIND
HUGS
FAMILY
CARING

MOTHER
GIVING
FRIEND
MOM

CHILD
PARENT
HELPFUL
LOVING

MOTHER'S DAY

CONNECT THE DOTS

The picture is of a:

D N G X S P R K D N X D A A T
D Q A G I V O F T N A D V M T
C S P C S P U U H W L V C S U
K W N R Z S T Y W F E L U M T
P I K N H K H Z W M R G P X S
C M L O X Z M O S B U K A S W
C S H L W C L K T A P N D Z I
A U J E N M R N H O A W C T M
M I U M E O H C O C W T P A F
P T L R W J I L E V A R T D K
C Y Y E V B U T S A M V M J D
P C R T V J E N A M Q P O I G
G I Z A T Y W A E C G F C Q R
F B U W Y L M Z C N A I O Y N
K R P P Q V O J B H C V Y O X

AUGUST
BEACH
CAMP
FIREWORKS
HOT

JULY
JUNE
PICNIC
POOL
RELAX

SWIM
SWIMSUIT
TRAVEL
VACATION
WATERMELON

Can you find all the words related to summer?

p	k	v	v	s	u	n	s	c	r	e	e	n	l	x
y	p	k	c	b	k	i	p	g	y	j	z	t	o	b
r	k	a	s	e	s	s	a	l	g	n	u	s	o	i
s	m	o	v	v	s	p	u	z	o	k	j	d	p	s
t	k	h	p	m	i	e	o	y	w	v	i	v	b	f
w	h	r	m	o	y	g	m	v	x	t	b	g	d	w
x	g	c	o	t	p	g	t	o	c	r	l	t	i	q
a	l	j	a	w	s	s	w	l	l	a	q	e	m	s
l	e	m	x	e	e	d	i	l	p	v	v	u	k	r
e	u	q	s	t	b	r	e	c	n	e	q	j	h	h
r	f	l	a	y	w	h	i	u	l	l	a	v	p	y
r	f	j	i	d	s	i	s	f	i	e	l	m	m	q
m	n	g	n	q	o	f	r	j	p	s	w	f	a	n
t	i	u	s	m	i	w	s	z	s	d	q	g	c	d
o	i	e	q	x	d	t	x	n	t	n	i	w	a	c

beach
travel
sunscreen
swimsuit
pool
camp
fireworks
shell
sunglasses
popsicle
sun
relax

SUMMER WORD SEARCH

Look for the words listed below.

S	U	N	W	A	N	P	U	A
U	S	B	A	E	I	P	L	H
N	H	T	T	W	C	L	S	O
B	E	N	E	U	E	A	A	T
L	L	W	R	R	D	Y	N	N
O	L	N	B	O	T	S	D	F
C	A	M	B	E	A	C	H	U
K	U	W	A	V	E	S	C	N
P	I	N	E	A	P	P	L	E

Sun	Waves	Fun	Pineapple
Sunblock	Hot	Beach	Water
Play	Sand	Shell	Umbrella

W	A	T	E	R	P	L	A	Y	A	B
N	I	A	E	R	N	O	T	A	E	H
O	A	E	E	F	N	O	W	E	E	N
L	N	W	T	U	U	P	S	V	E	O
E	R	S	S	R	E	M	M	I	W	S
M	E	O	R	A	R	L	E	E	L	M
R	S	A	N	D	C	A	S	T	L	E
E	A	S	U	M	M	E	R	O	W	T
T	O	H	T	S	A	N	D	A	E	A
A	N	E	E	R	C	S	N	U	S	E
W	B	E	A	C	H	S	N	O	W	H

SUMMER BEACH SUNSCREEN SWEAT

SUN SANDCASTLE POOL WATERPLAY

HOT SWIMMERS WATERMELON HEAT

SUMMER COUNT

Instructions: Count each item, then tally them into the boxes below:

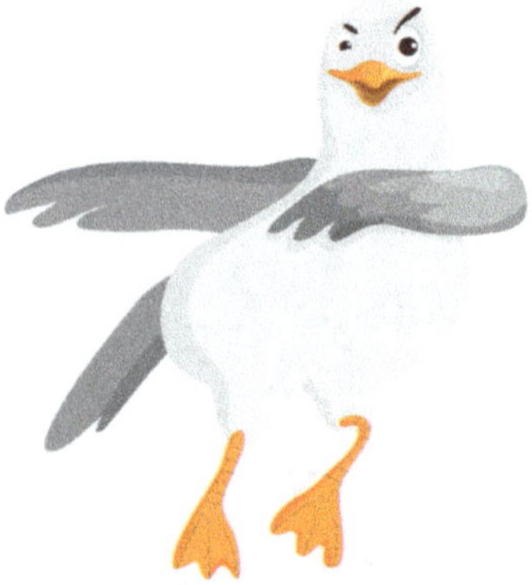

SUMMER MAZE

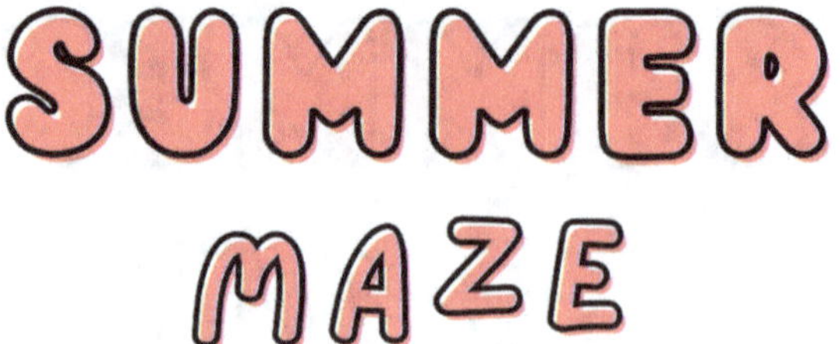

Help the seagull find the chippies:

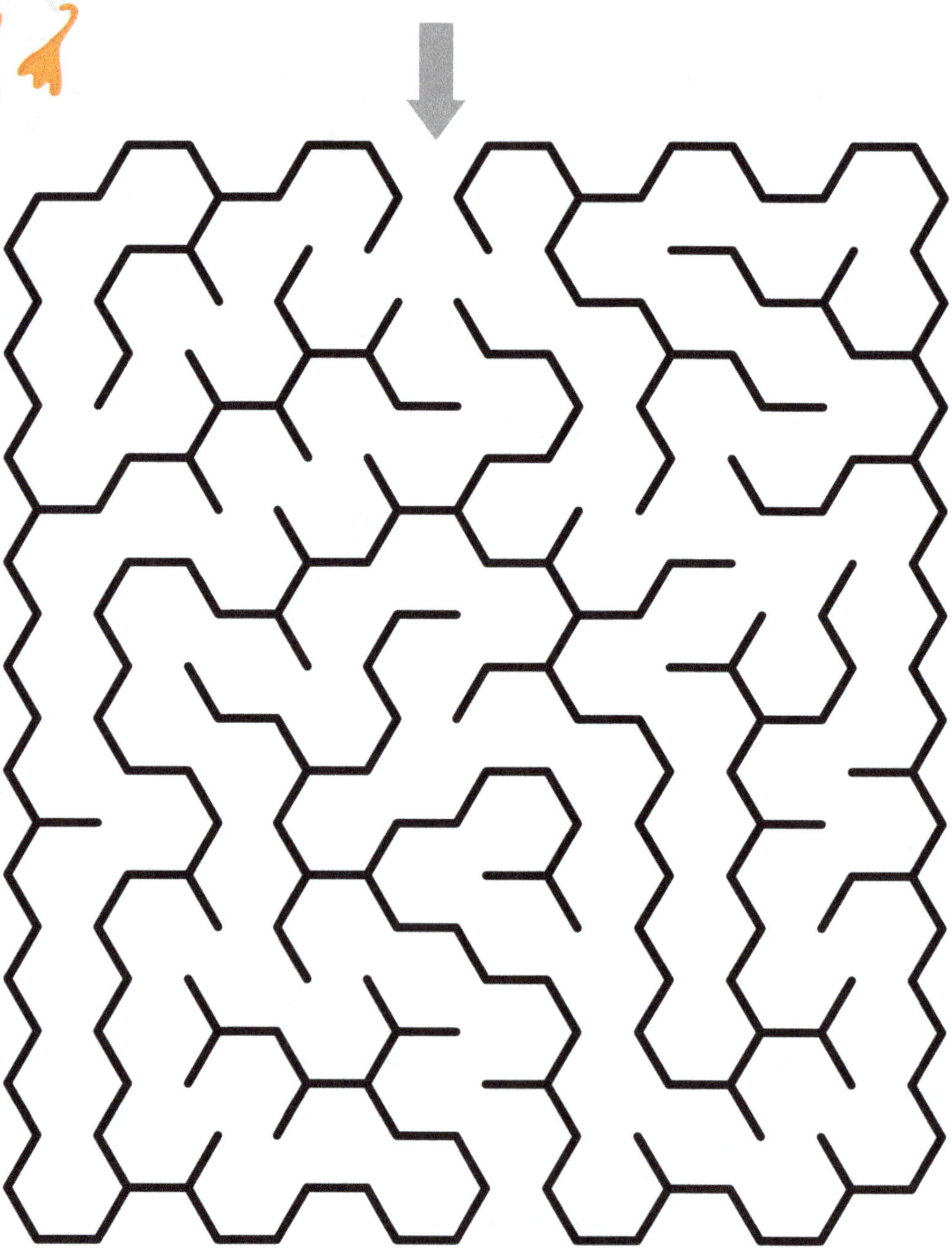

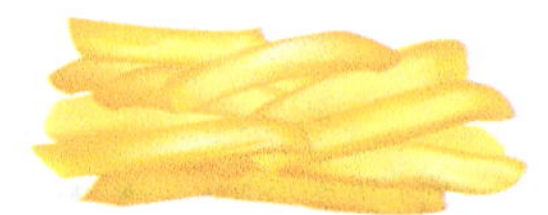

Summer Vacation

S	C	Y	L	I	M	A	F
W	B	E	A	C	H	B	U
I	K	J	A	A	A	E	N
B	C	O	X	G	E	H	R
E	A	Y	S	Z	A	O	E
V	P	L	A	Y	M	T	M
I	F	Y	A	I	P	E	M
R	L	D	W	A	W	T	U
D	Y	S	I	E	N	C	S

summer

family

fun

beach

joy

pack

bags

drive

fly

play

swim

hot

Father's Day

Find the words below hidden in the puzzle.
Words are hidden down and across.

T R N M O F L O V E Z Y G B Y
J E X M N Y A N F A B K X I F
N C R C U W N H L O X Z S R I
B F U F I H S M G F J N P C S
U E Z F D C I F C R P M O C H
P D C K Q R A H Y L X W R Z I
N G Z X E C W X X X J C T U N
T O S P E C I A L K J U S W G
I L D D Q W B J K G Q U T M A
W F L D T A R U N C L E E C U
L I E K M B C G R A N D P A C
O N J P J B C A R S M B D U F
V G T S J P L A Y I N G A N K
Q C M D L E Z Y L R D A D D Y
G R I L L I N G G A V B V C A

CARS
GOLFING
LOVE
SPORTS
DADDY
GRANDPA
PLAYING
STEPDAD
FISHING
GRILLING
SPECIAL
UNCLE

INDEPENDENCE DAY WORD SEARCH

J	M	O	D	E	E	R	F	H	U	N
U	U	S	R	E	B	O	I	N	E	O
H	N	L	O	T	U	S	H	E	C	I
H	I	S	Y	R	T	L	R	T	L	T
N	T	S	T	O	T	N	G	A	O	A
I	E	H	R	Y	E	D	I	R	P	R
L	D	Y	T	O	E	E	D	B	R	A
L	N	O	S	R	E	F	F	E	J	L
P	A	R	A	D	E	I	F	L	C	C
A	M	E	R	I	C	A	L	E	A	E
S	S	S	E	R	G	N	O	C	S	D

AMERICA	JULY	CONGRESS	CELEBRATE
FREEDOM	UNITED	JEFFERSON	HISTORY
FOURTH	DECLARATION	PARADE	PRIDE

AUTUMN
WORD SEARCH

X	E	I	L	E	A	V	E	S	S	C
S	T	I	R	T	U	I	L	O	P	O
E	A	R	E	F	T	O	W	E	Y	O
E	N	E	E	C	U	E	S	F	E	L
R	R	T	N	D	M	H	U	A	L	E
T	E	O	R	A	N	G	E	E	L	R
E	B	R	M	C	B	R	S	L	O	E
R	I	L	L	O	U	G	H	O	W	L
A	H	L	T	R	D	I	I	U	M	W
B	A	E	E	N	F	O	X	R	L	E
F	S	E	A	N	I	K	P	M	U	P

AUTUMN	ORANGE	RED	HIBERNATE
FALL	COOLER	YELLOW	FOX
LEAVES	ACORN	BARE TREES	LEAF

AUTUMN COUNT

Instructions: Count each item, then tally them into the boxes below:

AUTUMN

MAZE

Help the chipmunk find the acorn:

BACK TO SCHOOL

WORD SEARCH

R	E	C	E	S	S	K	O	N	L	M
W	M	A	T	H	S	I	A	S	E	I
S	P	E	L	L	I	N	G	R	A	R
N	T	C	E	S	S	A	L	C	R	E
R	L	U	C	K	D	H	G	R	N	L
E	R	O	H	L	U	N	C	H	V	A
H	P	L	A	Y	S	E	E	M	E	N
C	E	L	D	K	O	G	E	I	R	D
A	L	H	O	S	E	I	R	P	R	S
E	N	O	E	R	E	T	I	R	W	F
T	B	H	A	M	L	O	O	H	C	S

SCHOOL	CLASS	PLAY	SPELLING
FRIENDS	LUNCH	LEARN	WRITE
TEACHER	RECESS	MATHS	BOOKS

Back to School Word Search

V P L A Y G R O U N D
R E A E I N G T P U O
T N F M Y M G B F K P
E C R C P A G L O F A
A I Y E L T B O U D P
C L U N C H B O X E E
H C R U L E R U O S R
E F P P T K S R J K A
R I X O J G U S V E S
J Q N W R I Y I N G E
S T U D E N T U X S R

books
desk
eraser
glue

lunchbox
math
notebook
paper

pencil
playground
reading
recess

ruler
student
teacher
writing

Halloween Word Search

Circle words in the puzzle below

P	U	M	P	K	I	N	L	T
C	A	N	D	Y	U	P	I	R
W	D	R	A	C	U	L	A	I
I	A	S	T	R	E	A	T	C
T	N	W	N	Y	D	E	S	K
C	O	S	T	U	M	E	C	E
H	Z	O	M	B	I	E	A	N
K	U	S	N	O	C	T	R	D
P	I	G	H	O	S	T	Y	W

treat	scary	candy	party
trick	boo	zombie	witch
ghost	dracula	costume	pumpkin

Thanksgiving

T	M	I	R	G	L	I	P
U	T	F	S	Y	A	C	R
R	S	A	D	R	V	O	E
K	E	M	N	O	I	R	B
E	V	I	E	T	T	N	M
Y	R	L	I	S	S	F	E
E	A	Y	R	I	E	A	V
I	H	A	F	H	F	L	O
P	E	A	T	E	N	L	N

pilgrim	fall
turkey	family
corn	friends
harvest	eat
festival	november
pie	history

HAPPY THANKSGIVING

WINTER
WORD SEARCH

W	E	C	I	E	A	V	E	R	A	B
H	I	B	E	R	N	A	T	E	P	S
G	A	N	E	F	T	O	W	E	E	N
N	N	E	T	C	U	E	S	V	E	O
I	R	T	N	E	M	F	O	A	L	W
I	E	O	R	A	R	L	E	E	L	M
K	Y	O	U	A	G	R	S	L	O	A
S	A	R	E	O	U	G	H	O	W	N
A	H	S	T	R	E	I	N	A	E	B
F	I	R	E	P	L	A	C	E	L	E
C	O	L	D	I	C	S	N	O	W	P

WINTER	BARE	GLOVES	ICE
COLD	HIBERNATE	BEANIE	FIREPLACE
SNOW	SNOWMAN	SKIING	SCARF

Winter Clothes & Accessories

Word Search

V	T	D	L	E	G	G	I	N	G	S	K
H	R	R	H	U	S	L	N	D	A	L	S
S	O	I	A	B	O	O	T	S	J	I	T
T	W	T	S	C	K	V	R	H	A	T	R
N	S	E	P	Y	K	E	A	T	C	F	A
M	E	S	A	S	E	S	O	C	K	S	I
I	D	A	N	T	A	G	U	T	E	O	N
T	S	S	T	A	E	F	S	I	T	P	C
T	E	S	S	C	A	R	F	E	T	S	O
E	A	R	M	U	F	F	S	O	N	I	A
N	T	S	D	I	R	C	O	A	T	S	T
S	W	E	A	T	S	H	I	R	T	E	T

HAT	JACKET	SWEATSHIRT
COAT	GLOVES	LEGGINGS
BOOTS	SOCKS	EARMUFFS
SCARF	SWEATER	TRACKSUIT
PANTS	MITTENS	RAINCOAT

WINTER CLOTHES

WORD SEARCH

Find the words listed below and circle them.

S	W	E	A	T	S	H	I	R	T	O	X
A	S	K	I	R	C	N	G	A	R	M	B
D	A	N	K	O	A	S	T	I	E	I	O
M	B	S	O	U	R	I	N	N	B	T	O
U	E	O	L	S	F	J	U	C	L	T	T
J	A	C	K	E	T	G	L	O	V	E	S
C	N	K	M	R	F	A	W	A	E	N	T
A	I	S	E	S	Q	U	A	T	S	S	Y
P	E	Q	N	R	S	W	E	A	T	E	R

- SOCKS
- GLOVES
- BEANIE
- RAINCOAT
- SCARF
- TROUSERS
- SWEATSHIRT
- JACKET
- SWEATER
- MITTENS
- VEST
- BOOTS

WINTER
Snowman Maze
START
FINISH

WINTER COUNT

Instructions: Count each item, then tally them into the boxes below:

WINTER MAZE

Help the penguin find the pudding:

CHRISTMAS WORD SEARCH

Circle words in the puzzle below

S	A	N	T	A	S	P	C	R
T	R	E	E	S	T	R	O	U
O	I	T	N	L	A	E	O	D
C	R	O	F	E	R	S	K	O
K	A	Y	O	I	W	E	I	L
I	F	S	M	G	I	N	E	P
N	F	Y	C	H	E	T	S	H
G	E	L	V	E	S	N	O	W
O	R	N	A	M	E	N	T	W

Santa	stocking	snow	toys
elves	tree	cookies	ornament
Rudolph	star	present	sleigh

CHRISTMAS

word search

Find and color these words in the grid below:

TREE FEAST CHURCH

PRESENTS SNOW FAMILY

GIVING HOLIDAY LIGHTS

P	R	E	S	E	N	T	S
F	A	E	N	D	D	G	S
A	D	R	O	G	F	N	H
M	F	T	W	H	J	I	C
I	G	H	J	K	L	V	R
L	I	G	H	T	S	I	U
Y	F	E	A	S	T	G	H
H	O	L	I	D	A	Y	C

CHRISTMAS MAZE

Can you help Santa find his sleigh?

CONNECT THE DOTS

SANTA

VALENTINES

WORD SEARCH

H	S	E	S	S	I	K	O	N	U	F
W	E	R	R	E	V	I	L	S	A	E
I	E	A	E	T	H	N	E	E	H	B
N	T	C	R	L	O	D	T	N	U	R
S	A	H	Z	T	A	H	T	I	S	U
E	R	O	H	R	E	U	E	T	R	A
D	I	P	U	C	G	G	R	N	E	R
S	M	I	L	E	D	S	E	E	W	Y
R	L	H	T	S	E	I	R	L	O	S
I	E	X	L	O	V	E	T	A	L	F
S	W	E	E	T	A	N	S	V	F	O

LOVE VALENTINES CUPID SMILE

HEART KIND KISSES LETTER

SWEET FEBRUARY HUGS FLOWERS

VALENTINE'S DAY WORD SEARCH

Circle words in the puzzle below

B	L	O	V	E	P	O	L	T
O	S	B	A	C	U	P	I	D
W	C	U	L	W	C	L	K	F
B	A	S	E	U	E	H	E	R
L	N	W	N	R	D	E	N	I
O	D	E	T	O	C	A	R	E
C	Y	E	I	C	A	R	D	N
K	U	T	N	V	C	T	R	D
P	I	N	E	A	R	R	O	W

love
sweet
like

arrow
bow
candy

care
friend
card

valentine
heart
cupid

HAPPY VALENTINE'S DAY

Colors Word Search

A	Y	M	S	C	I	E	N	R	E	D	Q
O	E	R	E	A	T	O	O	K	N	R	F
I	L	S	A	B	L	A	C	K	G	Y	B
N	L	S	W	R	R	M	P	T	P	N	L
T	O	T	D	O	E	E	G	J	I	R	U
O	W	D	E	W	M	O	R	A	N	G	E
R	R	H	P	N	U	G	A	R	K	E	A
Y	F	A	I	A	G	F	Y	U	T	O	P
H	M	M	D	T	I	R	R	G	O	L	D
P	U	R	P	L	E	K	E	M	E	L	H
D	V	T	U	A	D	Z	C	E	E	E	Y
P	S	I	L	V	E	R	U	A	N	S	T

RED
BLUE
PINK
GRAY
YELLOW
ORANGE
PURPLE
BROWN
WHITE
BLACK
GREEN
SILVER

YOU ARE A-MAZE-ING

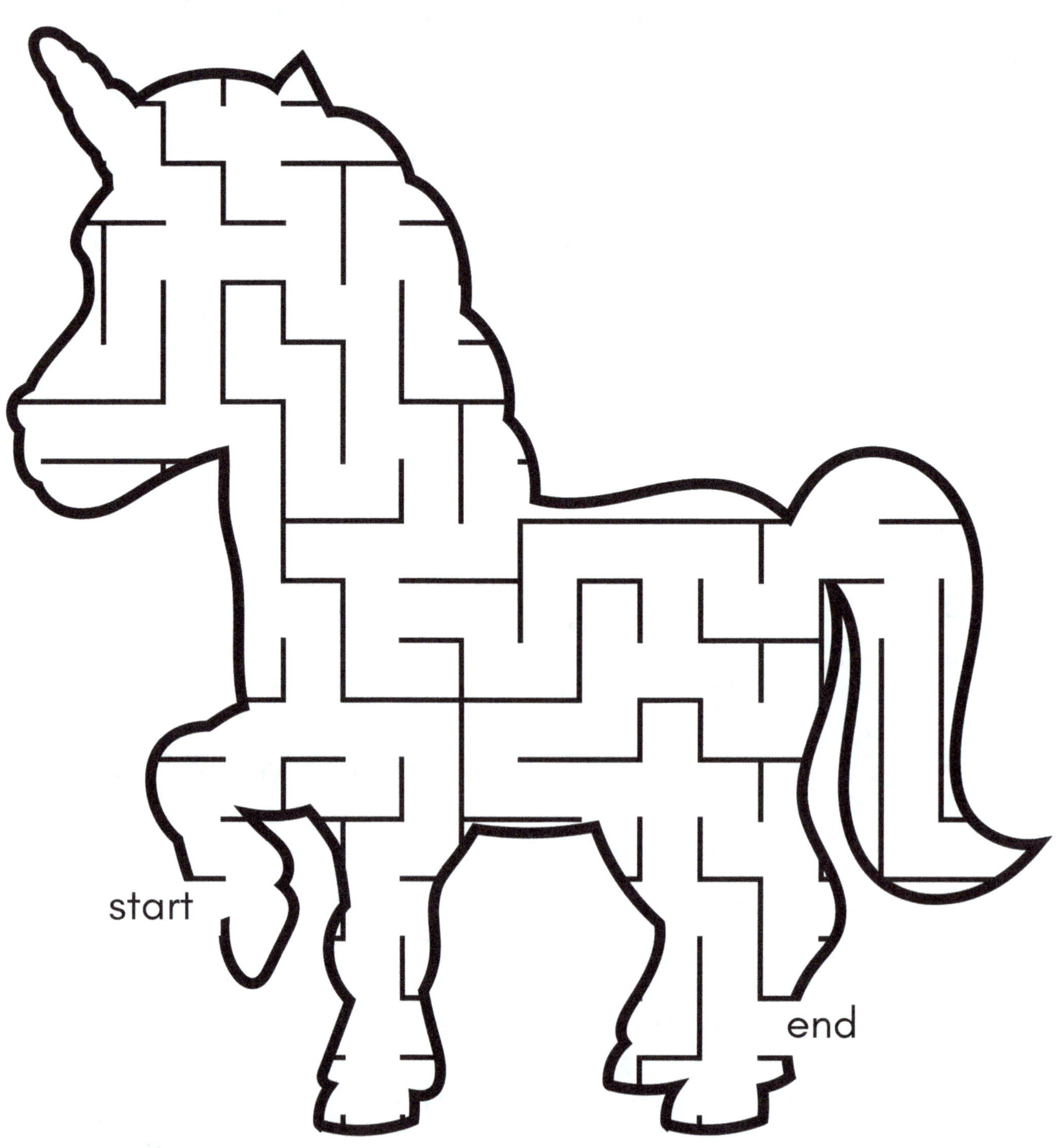

City Word Search

A	V	M	T	I	S	C	H	O	O	L	Q
B	I	R	E	A	T	O	O	K	O	R	C
A	E	E	A	H	O	U	S	E	S	T	A
K	V	S	C	C	R	O	P	T	E	N	R
E	W	T	D	U	E	E	I	J	C	R	S
R	V	A	E	A	A	O	T	T	O	P	Z
Y	S	U	P	E	R	M	A	R	K	E	T
I	V	R	T	A	D	I	L	U	T	O	E
R	V	A	D	A	R	O	A	C	A	P	A
B	A	N	K	O	T	K	F	T	R	L	V
D	V	T	U	A	D	Z	C	G	Y	E	I
U	S	T	S	T	A	T	I	O	N	H	T

PARK	SCHOOL	SUPERMARKET	PEOPLE
CARS	HOUSES	RESTAURANT	STATION
BANK	HOSPITAL	STORE	BAKERY

FREE TIME ACTIVITIES

WORD SEARCH

T	S	K	A	T	I	N	G	Z	C		X
U	W	H	I	K	I	N	G	D	A	R	C
S	I	N	G	I	N	G	Y	A	M	E	L
C	M	M	I	S	F	W	O	N	P	A	I
A	M	N	G	K	R	I	Q	C	I	D	M
F	I	S	H	I	N	G	N	I	N	I	B
D	N	P	A	I	N	T	I	N	G	N	I
E	G	L	O	N	L	M	O	G	J	G	N
H	J	A	K	G	C	Y	C	L	I	N	G

- SINGING
- DANCING
- CAMPING
- HIKING
- SWIMMING
- READING
- FISHING
- CYCLING
- SKATING
- SKIING
- CLIMBING
- PAINTING

VEGETABLES

WORD SEARCH

Find the words and write them.

b_ _ _ _ _ _ _ c_ _ _ _ _ c_ _ _ p_ _ _ _ _

F	N	B	T	N	H	N	A	C	A	W	N	U	Y	R
Q	C	U	C	U	M	B	E	R	G	D	Y	C	S	O
L	A	K	H	L	S	K	R	M	F	E	C	H	R	T
D	Z	T	K	W	I	C	D	S	A	E	H	P	O	C
X	B	P	X	N	P	K	E	W	P	J	E	H	L	A
R	O	N	I	O	N	O	P	A	U	V	G	F	J	R
T	Y	T	X	T	J	R	B	A	P	M	E	T	C	R
G	F	S	R	E	A	A	M	C	O	R	N	G	X	O
M	W	H	K	Y	Q	N	J	M	E	U	L	W	Y	T
P	S	R	M	R	I	G	U	L	R	M	A	N	G	E
E	F	L	E	G	G	P	L	A	N	T	N	H	B	L
P	J	L	M	K	K	W	X	G	S	K	H	S	X	O
P	X	E	V	P	O	T	A	T	O	S	K	G	F	N
E	Y	R	S	T	E	Z	R	J	O	R	Y	P	Q	C
R	S	P	W	A	B	R	O	C	C	O	L	I	Q	J

c_ _ _ _ _ _ _ p_ _ _ _ _ o_ _ _ _ e_ _ _ _ _ _ _

ANIMAL WORD SEARCH

E	L	E	P	H	A	N	T	P
S	G	M	E	K	O	A	L	A
L	I	O	N	N	C	L	A	N
B	R	N	F	U	D	H	N	D
E	A	K	O	R	W	O	T	A
A	F	E	M	U	I	A	G	E
R	F	Y	C	H	E	R	D	Y
Z	E	B	R	A	D	E	E	R
P	I	N	T	I	G	E	R	W

dog	monkey	emu	deer
tiger	lion	zebra	koala
elephant	panda	bear	giraffe

ANIMALS Word Search

S	V	E	D	O	G	M
L	I	L	E	M	U	R
O	P	E	L	B	E	J
T	A	P	I	R	B	A
H	P	H	O	N	R	G
W	P	A	N	D	A	U
M	O	N	K	E	Y	A
Z	O	T	T	E	R	R

otter
tapir
elephant
jaguar
monkey
lemur
panda
sloth
lion
dog

SPACE WORD SEARCH

Circle words in the puzzle below

E	Q	D	L	H	W	N	T	P
S	A	M	O	O	N	A	O	M
U	L	R	N	N	C	L	R	E
N	U	S	T	A	R	S	B	R
E	N	A	O	H	W	O	I	C
A	A	T	M	A	R	S	T	U
R	R	U	C	O	M	E	T	R
Z	G	R	A	V	I	T	Y	Y
V	E	N	U	S	G	E	R	W

earth	stars	venus	comet
sun	mars	mercury	orbit
moon	saturn	gravity	lunar

Pets Word Search

V	S	F	E	R	R	E	T	N	O	L	K
G	L	L	R	B	A	S	O	M	E	N	I
C	H	I	M	O	U	S	E	B	L	S	T
C	A	M	P	I	G	G	H	H	B	L	T
B	M	T	D	I	E	S	A	R	A	T	E
F	S	U	C	H	A	M	E	L	E	O	N
G	T	A	G	N	Y	L	I	Z	A	R	D
A	E	C	E	B	B	I	R	X	R	T	N
R	R	A	B	B	I	T	L	O	H	O	G
D	A	S	P	A	R	R	O	T	O	I	F
O	F	D	C	E	D	R	D	F	I	S	H
G	F	P	U	P	P	Y	T	O	M	E	T

DOG	FROG	FERRET	PARROT
CAT	RABBIT	MOUSE	TORTOISE
FISH	PUPPY	LIZARD	HAMSTER
BIRD	PIG	KITTEN	CHAMELEON

VEGETABLES Word Search

Circle words in the puzzle below

E	T	Y	A	M	A	C
L	E	T	T	U	C	E
E	P	E	A	S	E	L
E	T	C	L	H	T	E
K	K	O	K	R	A	R
C	A	R	R	O	T	Y
C	O	N	I	O	N	P
Z	F	B	Y	M	A	U

mushroom	okra	lettuce	yam
carrot	celery	peas	onion
	leek	corn	

Family Members Word Search

S	Y	F	A	T	H	E	R	T	U	R	Q
M	O	E	E	A	D	O	A	U	N	T	A
S	R	N	C	M	D	A	A	N	C	R	G
F	P	C	C	O	D	O	C	C	L	R	R
G	T	A	B	T	U	O	H	L	E	N	A
R	H	D	R	H	I	S	T	E	R	N	N
A	E	E	O	E	N	V	I	S	E	N	D
N	R	N	T	R	N	I	X	N	T	R	M
D	V	T	H	A	D	T	C	C	H	R	A
P	P	I	E	O	S	I	S	T	E	R	V
A	V	S	R	A	D	Z	C	G	R	R	E
S	D	A	U	G	H	T	E	R	O	H	T

SON	FATHER	COUSIN	GRANDPA
AUNT	MOTHER	BROTHER	GRANDMA
UNCLE	SISTER	PARENTS	DAUGHTER

Rainbow Word Search

C	Z	L	I	G	H	T	S	S
R	O	A	D	A	E	C	P	U
A	Q	L	M	L	N	H	E	N
I	L	K	O	G	C	I	C	S
N	R	I	R	R	T	N	T	H
B	V	N	A	E	S	D	R	I
O	L	E	N	E	D	I	U	N
W	R	U	G	N	J	G	M	R
S	K	Y	E	L	L	O	W	O

arc	green	orange	red	sunshine
blue	indigo	rain	sky	violet
colors	light	rainbow	spectrum	yellow

FAIRYTALE
WORD SEARCH

F	G	E	L	I	M	P	E	R	S	M
O	E	X	R	F	A	I	R	Y	P	E
L	N	T	E	O	G	S	O	U	M	L
K	R	I	E	F	I	T	V	A	N	V
L	E	U	N	I	C	O	R	N	E	E
O	M	C	U	C	O	R	N	O	R	S
R	A	T	N	T	B	Y	R	N	D	A
E	E	O	W	I	Z	A	R	D	L	T
I	B	H	W	O	N	D	E	R	I	E
H	E	R	B	N	V	O	R	E	H	R
G	O	B	L	I	N	N	M	O	C	C

MAGIC
FICTION
GOBLIN
FAIRY
WONDER
ELVES
UNICORN
FOLKLORE
CHILDREN
STORY
WIZARD
GENRE

DINOSAUR
WORD SEARCH

J	A	E	L	I	T	P	E	R	S	M
U	B	X	R	F	H	I	R	R	P	S
R	L	T	E	O	S	O	O	U	M	U
A	O	I	E	S	E	E	V	A	E	O
S	O	N	N	S	N	H	I	S	T	E
S	M	C	U	I	O	V	N	O	E	C
I	A	T	N	L	B	R	R	N	O	A
C	E	O	C	S	S	S	A	I	R	T
I	B	H	T	S	D	I	C	D	O	E
H	E	R	B	I	V	O	R	E	I	R
H	E	R	O	V	I	N	M	O	D	C

DINOSAUR CARNIVORE JURASSIC CRETACEOUS

REPTILE HERBIVORE METEOROID FOSSIL

EXTINCT OMNIVORE TRIASSIC BONES

SPACE SEARCH

x	y	x	a	l	a	g	i	c	n	l	m	z
m	r	s	l	m	s	m	b	z	o	u	x	o
z	o	t	t	u	t	o	i	j	i	f	p	b
c	y	t	e	a	e	o	v	t	t	l	t	e
b	a	r	a	m	r	n	o	z	a	l	u	s
m	w	o	f	b	o	s	n	n	l	y	a	r
b	y	e	i	r	i	c	e	u	l	t	n	e
x	k	t	w	l	d	t	b	s	e	d	o	v
k	l	e	i	d	s	s	u	l	t	b	r	i
z	i	m	p	v	j	p	l	q	s	y	t	n
s	m	o	o	t	a	i	a	o	n	f	s	u
n	i	i	y	r	t	r	r	k	o	a	a	y
p	z	i	w	e	l	y	g	l	c	c	x	k

asteroids	galaxy	moons	satellite
astronaut	gravity	nebula	stars
comet	meteor	orbit	sun
constellation	milkyway	planets	universe

Houses Word Search

V	S	K	I	T	C	H	E	N	O	L	Q
G	L	L	F	B	A	S	E	M	E	N	T
D	O	I	U	M	D	G	S	B	L	S	W
C	I	C	V	I	N	G	H	H	B	L	I
B	S	N	M	I	E	G	A	R	A	G	E
F	C	H	I	M	N	E	Y	U	T	L	M
G	C	A	E	N	Y	G	L	N	H	B	L
A	C	T	E	N	G	I	R	A	R	O	N
R	O	O	F	O	S	R	L	O	O	A	G
D	A	T	T	I	C	U	O	G	O	F	F
E	F	D	C	E	T	R	A	O	M	M	D
N	F	I	B	E	D	R	O	O	M	H	T

ROOF
KITCHEN
GARAGE
GARDEN
LIVING ROOM
DINING ROOM
ATTIC
HALL
BEDROOM
BASEMENT
BATHROOM
CHIMNEY

Shapes Word Search

V	S	Q	U	A	R	E	T	N	C	F	K
H	L	T	H	H	E	X	A	G	O	N	S
H	M	I	A	S	C	R	O	S	S	I	T
P	A	O	R	R	T	I	R	C	A	P	R
E	M	N	O	Y	A	I	R	T	L	F	A
N	D	D	S	N	N	N	R	C	E	L	P
T	R	I	A	N	G	L	E	T	L	H	E
A	U	A	O	L	L	S	S	E	S	E	Z
G	E	M	G	V	E	U	S	E	S	A	I
O	A	O	C	T	A	G	O	N	N	R	U
N	T	N	T	I	R	L	D	F	O	T	M
A	T	D	H	E	P	T	A	G	O	N	T

SQUARE	DIAMOND	RECTANGLE	OVAL
CIRCLE	TRIANGLE	TRAPEZIUM	CROSS
HEART	HEXAGON	HEPTAGON	MOON
STAR	PENTAGON	OCTAGON	

SPORTS Word Search

V	S	O	B	A	S	E	B	A	L	L	Q
G	O	L	F	A	D	U	A	C	O	A	S
S	O	L	U	M	D	G	S	B	T	S	W
C	Y	C	L	I	N	G	K	O	E	N	I
B	S	O	M	E	E	Y	E	L	N	E	M
H	O	C	K	E	Y	N	T	U	N	T	M
H	C	S	E	N	Y	B	B	N	I	B	I
U	C	T	E	N	D	I	A	A	S	O	N
T	E	J	N	O	S	T	L	L	O	A	G
F	R	U	G	B	Y	U	L	G	L	F	F
Y	F	D	D	T	S	L	T	G	P	S	D
S	F	O	O	T	B	A	L	L	O	H	T

JUDO **RUGBY** **CYCLING**

GOLF **FOOTBALL** **SWIMMING**

TENNIS **BASEBALL** **VOLLEYBALL**

SOCCER **HOCKEY** **BASKETBALL**

Transportation

B	C	A	H	T	A	M	B
P	I	H	S	N	T	R	U
R	F	K	C	A	R	R	S
O	T	E	E	A	A	E	L
T	E	R	R	Z	M	T	E
C	K	N	U	R	R	O	N
A	C	Y	A	C	Y	O	A
R	O	C	O	O	K	C	L
T	R	A	I	N	N	S	P

CAR
TRAM
TRACTOR
TRAIN
BUS
PLANE

BIKE
SCOOTER
SHIP
FERRY
ROCKET
TRUCK

FRUIT

WORD SEARCH

Find the words and write them.

l _ _ _ _

p _ _ _

o _ _ _ _ _

s _ _ _ _ _ _ _ _ _

F	N	B	A	N	A	N	A	B	O	O	K	U	Y	R
Q	P	R	N	S	I	H	H	J	G	D	Y	C	S	O
L	A	P	P	L	E	K	R	M	R	E	C	H	R	T
D	Z	T	K	W	I	C	D	S	A	E	H	P	O	W
X	B	B	X	N	P	K	E	W	P	J	A	H	L	A
R	O	E	H	I	X	O	P	A	E	V	T	F	J	T
T	P	G	X	T	J	R	B	A	S	M	Y	T	C	E
N	E	S	R	E	A	A	M	C	O	W	N	G	X	R
C	A	H	K	Y	Q	N	J	M	E	U	F	W	Y	M
I	R	R	M	R	I	G	U	L	E	M	O	N	G	E
Y	S	U	U	O	V	E	Q	V	E	S	K	H	B	L
C	J	L	M	K	K	W	X	G	S	K	Z	S	X	O
L	X	E	V	B	H	R	Y	N	K	S	K	G	F	N
K	Y	R	S	R	E	S	R	J	O	R	Y	P	Q	C
E	S	T	R	A	W	B	E	R	R	Y	N	B	Q	J

g _ _ _ _ _

a _ _ _ _

b _ _ _ _ _

w _ _ _ _ _ _ _ _ _

MAKE YOUR OWN

WORD SEARCH

Tic Tac Toe

Maze Bird

Can you help Bird 1 get to Bird 2 as soon as possible?

MATCH THE SHAPES

Connect the object to its shape.

What am I?

Directions: Start with the number one and connect the dots to find out what animal I am! Hint: I am a marsupial that is native to Australia and I love eucalyptus. When finished unscramble the letters below to fill in the blank to identify me. If time permits color me.

A L O A K

________ ________ ________ ________ ________

Connect the dots

DINOSAUR

Dot-to-Dot

www.ingramcontent.com/pod-product-compliance
Lightning Source LLC
LaVergne TN
LVHW080556160826
845677LV00010B/1868
* 9 7 9 8 8 4 9 0 1 5 6 9 9 *